AGENCE HAVAS

SOCIÉTÉ ANONYME AU CAPITAL DE 8,500,000 FRANCS

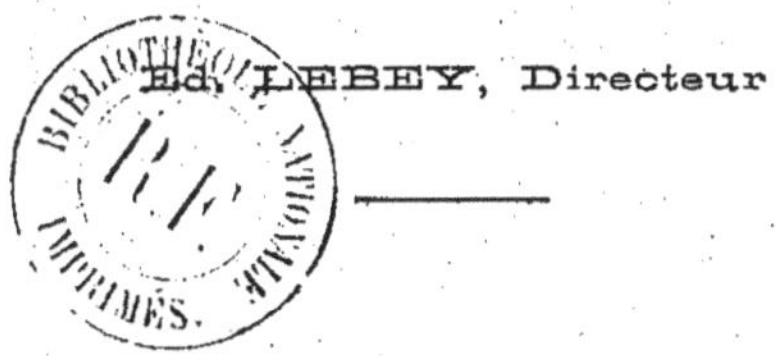

Ed. LEBEY, Directeur

Rapport SPÉCIAL

Sur l'importance de l'indemnité à accorder à l'AGENCE HAVAS pour la translation de trois de ses Services techniques, rendue nécessaire par l'Expropriation.

(Voir le n° 8 de la Note sommaire)

SIÈGE SOCIAL

34, RUE NOTRE-DAME-DES-VICTOIRES

AGENCE HAVAS

SOCIÉTÉ ANONYME AU CAPITAL DE 8,500,000 FRANCS

Ed. LEBEY, Directeur

Rapport SPÉCIAL

Sur l'importance de l'indemnité à accorder à l'AGENCE HAVAS pour la translation de trois de ses Services techniques, rendue nécessaire par l'Expropriation.

(Voir le n° 8 de la Note sommaire)

RAPPORT

Sur l'importance de l'indemnité à accorder à l'Agence Havas pour la translation de ses services techniques, rendue nécessaire par l'expropriation.

Nous, soussigné,

S. Périssé, ingénieur des arts et manufactures, expert près la Cour de Paris et le Tribunal civil de la Seine, chevalier de la Légion d'honneur, officier de l'Instruction publique, demeurant à Paris, 67, rue d'Amsterdam ;

Avons été prié par M. Lebey, Directeur de l'Agence Havas, de lui donner notre appréciation d'expert sur la valeur de l'indemnité que, d'après nous, le Jury d'expropriation doit accorder pour la translation, de l'ancien local au nouveau, des trois services techniques suivants :

1° Force motrice et machines à imprimer ;

2° Matériel de typographie ;

3° Matériel de la Printing Telegraph :

La translation doit être faite de telle manière qu'aucun de ces services ne se trouve arrêté, car l'on sait que l'exploitation de l'Agence Havas est de telle nature qu'aucun de ses services ne peut être interrompu.

Nous avons fait notre travail comme si nous en avions reçu mission du Tribunal.

I. — Force motrice et machines à imprimer.

La demande de l'Agence Havas est de. . . . . . . Fr.   40.904 »
La Ville de Paris a offert . . . .   20.000 »

Le service de l'imprimerie possède, en dehors des presses à main, trois machines à imprimer : une presse indispensable format jésus, une presse lithographique format raisin et une presse lithographique format jésus. Il possède un moteur à gaz de 3 chevaux environ et un autre moteur de 1 cheval à titre de machine de secours. Toutes ces machines sont installées dans les sous-sols du local actuel.

Le nouveau local, place de la Bourse, est tel qu'on ne dispose pas du sous-sol, sauf une cave, et qu'on est, par suite, dans l'obligation d'installer les trois machines à imprimer au quatrième et dernier étage.

Est-il possible d'installer la force motrice également au quatrième étage ?

Nous répondons nettement : Non. Il y aurait à cela deux inconvénients :

1) On surchargerait outre mesure les planchers qui auront déjà à supporter tout le poids des machines à imprimer, des presses à bras et de tous les accessoires de ces diverses machines ;

2) Deuxième inconvénient beaucoup plus grave : c'est que des machines à gaz motrices et des transmissions installées sur des planchers métalliques auraient certainement, par leur bruit et leurs trépidations, des inconvénients de voisinage qui donneraient lieu à des procès, et conséquemment à des dépenses considérables pour l'Agence Havas à titre d'indemnité, travaux, etc., etc.

Les plus grands soins devront être pris pour l'installation des machines à imprimer en vue d'atténuer le bruit et les trépidations ; il faudra pour cela monter ces machines sur des fondations isolantes et élastiques du système Anthoni que nous avons eu l'occasion d'employer plusieurs fois dans des installations analogues faites sous notre surveillance à titre d'expert. Malgré ces précautions et ces dépenses, les inconvénients de voisinage pourront exister, en raison de circonstances particulières de construction que l'avenir seul pourra faire connaître et qui résultent de ce que l'immeuble du numéro 13 de la place de la Bourse et les immeubles voisins ne sont pas de construction récente. Il ne faut pas oublier, d'ailleurs, que l'Agence Havas sera le locataire le dernier venu.

De plus, ce qui est possible pour les imprimeuses ne le serait pas pour les machines à gaz motrices placées au quatrième étage.

Il faut donc installer toute la force motrice dans la cave et la transmettre au quatrième étage. Il en résulte que ce transport de force ne peut être fait que par l'électricité. Pour éviter toute transmission de mouvement, il faut munir chaque machine à imprimer de son moteur électrique.

Aucun autre système pour l'installation de l'imprimerie ne nous paraît pouvoir être adopté avec certitude de succès.

L'inconvénient de la transmission de force par l'électricité, c'est qu'elle nécessitera une installation d'un moteur d'une puissance effective plus grande que si le moteur commandait directement les machines par courroies. Il faut prévoir un moteur de 5 à 6 chevaux dans la cave, et poser ce moteur et sa dynamo sur une fondation Anthoni ; malgré ces précautions, le succès n'est pas certain et, en tout cas, il faudra que l'Agence Havas s'astreigne à ne jamais faire fonctionner ce moteur de onze heures du soir à huit heures du matin.

Il faut, en outre, prévoir une force motrice de secours si la première faisait défaut. Nous pensons que le plus économique sera de se relier au secteur électrique pour faire le service avec son courant si le moteur de l'Agence H avas venait à faire défaut et lorsque des circonstances exceptionnelles obligent l'imprimerie à fonctionner la nuit. Les dépenses d'installation seront ainsi bien diminuées, et c'est dans cette hypothèse que nous allons faire l'estimation desdites dépenses.

Observons que le courant du secteur coûtera plus cher que le courant produit par le moteur à gaz, mais, en définitive, on ne se servira de ce courant qu'exceptionnellement.

Nous considérons qu'il est indispensable, pour assurer le service, d'installer trois machines à imprimer neuves, puisque le démontage et rémontage des trois machines actuelles prendrait au moins quinze jours d'un travail non interrompu. Or, la chose est impossible, car la plupart du temps les trois machines marchent simultanément.

ESTIMATION DES DÉPENSES

En cave :

Un moteur à gaz de 5 1/2 chevaux tout installé avec sa tuyauterie de gaz,
d'eau et d'échappement . . . . Fr.   7.050   »

Une machine dynamo génératrice à côté du moteur, avec
tous ses accessoires et ses conducteurs jusqu'au 4° étage. . .   1 850   »

Un plancher isolant pour le moteur, son pot d'échappement et sa dynamo, et pièces de consolidation sous la voûte de
la 2° cave. . . . .   2.500   »

Un branchement sur le secteur électrique, compteur et
accessoires   850   »

Au 4° étage.

Trois machines à imprimer définies plus haut, toutes montées et installées. . . . .   14.500   »

Trois moteurs électriques de 1 cheval, avec système
tendeur et transmission sur le volant de la machine ; 750 francs
par moteur, soit.   2.250   »

Trois fondations Anthoni sous les trois machines à
imprimer et leur moteur placé sur le même châssis. . . . .   4.200   »

Translation des machines à main et divers accessoires.   600   »

Total. . . . Fr.   33.800   »

Nota. — Ne sont pas compris dans ce prix, les travaux de consolidation du plancher du 4° étage que l'architecte sera dans l'obligation de faire.

II. — Matériel de typographie.

L'Agence Havas demande . . . . Fr.   132.767   »
La Ville de Paris offre . . . .   18.000   »

L'écart, on le voit, est ici très important, parce que l'Agence Havas a supposé que le nouvel atelier de typographie serait monté avec des machines à composer neuves, tandis que la Ville de Paris n'accorde qu'une indemnité de déménagement en supposant que les machines actuellement en service seront démontées, transportées et remontées, et que pendant le mois nécessaire pour cette translation, l'Agence Havas emploiera des ouvriers typographes ; c'est ainsi que la Ville de Paris fait le compte suivant :

Ouvriers typographes pendant un mois . . . . . . Fr.   9.000   »
Frais de translation du matériel. . . . .   9.000   »

Ensemble. . . Fr.   18 000   »

L'hypothèse dans laquelle s'est placée la Ville de Paris est irréalisable, pour deux raisons :

1° Les machines à composer actuelles du système allemand Kastenbein ne peuvent pas être transportées et remontées en garantissant le succès de cette triple opération, parce que les machines que l'Agence Havas possède depuis vingt ans sont aujourd'hui abandonnées et qu'il ne serait plus possible de trouver des mécaniciens garantissant le bon fonctionnement de ces machines après la triple opération qu'elles devraient subir.

2° L'Agence Havas, seule en France à posséder des machines à composer supprimant les ouvriers compositeurs, ne trouverait certainement pas les 30 typographes que la Ville juge nécessaires pendant un mois.

Voici pourquoi l'Agence Havas ne trouverait certainement pas de compositeurs.

Deux imprimeries parisiennes, l'imprimerie Chaix et l'imprimerie du *Moniteur universel,* ont fait venir des machines à composer pour remplacer une partie de leur personnel ; à cette nouvelle, les typographes ont menacé ces établissements d'une grève générale si les machines étaient déballées, et

les imprimeries ont dû céder. Dans ces conditions, on peut être sûr d'avance que les typographes refuseraient tout service à l'Agence Havas qui est mise par eux à l'index, depuis qu'elle emploie des machines à composer (conduites par des femmes), alors surtout qu'ils n'ignoreront pas que leur emploi serait une mesure transitoire.

Par la force des choses, l'Agence Havas est donc obligée d'installer des machines à composer neuves d'un système autre que la machine allemande qui ne se fabrique plus et à ne cesser l'emploi des machines existantes que lorsque les nouvelles machines seront complètement installées et mises en service d'essai pour l'apprentissage du personnel.

L'Agence Havas a l'intention d'employer la machine américaine Thorn qu'elle a vue fonctionner à l'exposition de 1889, et qui est entrée aux États-Unis et au Canada dans le domaine de la pratique. Nous avons des renseignements sur ce point, puisque nous avons eu l'occasion de voir cette machine en fonction à New-York.

Il existe actuellement à l'Agence Havas 7 machines Kastenbein avec 8 machines à distribuer desservant lesdites machines à composer. Sur ces 7 machines à composer, 5 sont continuellement en marche, et les 2 autres sont réservées pour servir de rechange ou de machines supplémentaires ; les machines à distribuer, moins délicates que les autres, sont en service presque continu, puisque, en général, une seule est à l'arrêt.

Une machine à composer Kastenbein fait 6,000 lettres à l'heure et chaque machine à distribuer 4,000.

Les machines Thorn composent et distribuent à la fois à raison de 15,000 lettres à l'heure, soit 7,500 de composition et 7,500 de distribution.

Il faut donc 4 machines Thorn pour faire le travail de 5 machines Kastenbein et celui des 8 distributrices. Dans l'un et l'autre cas, on fait la composition de 30,000 lettres à l'heure avec la distribution qui en résulte.

Il faut compter au moins une machine de rechange ; par conséquent, il faut prévoir l'achat de 5 machines Thorn ; chaque machine exigera des caractères romains spéciaux coûtant 3,000 francs par machine.

Nous pensons enfin, qu'à l'exception des machines à composer et des trois marbres montés, tout le matériel de typographie peut être utilisé, car il est possible d'en faire la translation en deux nuits. Cette translation ne sera possible que si, dans le nouveau local, toutes les tables, casiers et autres installations fixes sont faites et terminées d'avance.

ESTIMATION DES DÉPENSES

Cinq machines Thorn à 1,800 dollars aux États-Unis, soit, rendues et montées en France, à 10,200 francs, et pour cinq . . . . Fr. 51.000 »

Caractères pour quatre machines. . . . . 12.000 »

Trois marbres montés à 300 francs . . . . 900 »

Installation de tables et caissers et divers accessoires. . . 800 »

Déménagement en deux nuits . . . . 600 »

Total . . . . . Fr. 65.300 »

III. — Matériel de la « Printing Telegraph », etc.

Dans ce titre, nous comprenons, outre le matériel de la Printing Telegraph qui est le plus important, les matériels télégraphiques de la Chambre des députés, du Sénat et des villes de province, ainsi que le matériel téléphonique, lequel comprend deux appareils reliés au réseau urbain, cinq appareils reliés au réseau suburbain, et une ligne privée reliée à la Chambre des députés.

On désigne sous le nom de Printing Telegraph, un système américain par lequel les dépêches sont transmises, de jour et de nuit, du bureau de l'Agence chez ses divers abonnés où elles sont écrites automatiquement sur une feuille en lignes d'imprimerie. Le client peut ainsi détacher et conserver ces feuilles imprimées à son gré. Il y a quatre services de oe système, mais deux seulement sont exploités pour le moment ; les deux autres sont installés et prêts à fonctionner.

Avant de faire le compte des dépenses, nous allons indiquer les appareils dont l'achat s'impose.

1° *14 condensateurs.* — 10 de ces condensateurs existent actuellement à l'Agence Havas, et 4 doivent être très prochainement montés pour l'installation du Crédit Lyonnais.

On ne trouve pas à louer ces appareils, qui doivent être faits spécialement en vue de l'usage auquel ils sont destinés. Ils sont nécessaires pour avoir un isolement parfait de la ligne. En consultant les tarifs des maisons qui construisent le plus économiquement ces appareils, on voit qu'il y a deux qualités de ceux-ci : les condensateurs étalonnés et les condensateurs de construction ordinaire ; nous prendrons le prix intermédiaire entre ces deux sortes d'appareils, soit 400 francs par appareil.

2° *3 transmetteurs.* — Ces appareils doivent être construits à neuf en vue du déménagement, car l'Agence n'a que trois de ces appareils, et se sert continuellement de ceux-ci, chacun étant en communication avec un réseau d'abonnés. Dans ces conditions, il est absolument indispensable que trois nouveaux transmetteurs soient en fonctionnement dans le nouveau local au moment où l'on cessera de se servir des trois appareils actuels, lesquels seront alors sans usage.

Quant au prix, celui de 3,500 francs qui est indiqué par l'Agence, et qui a bien été réellement payé par elle à l'inventeur, nous paraît exagéré. Il est pour nous certain que cet inventeur ayant fait un prix trop faible (400 fr.) pour les appareils récepteurs s'est rattrapé sur le prix des transmetteurs. Nous estimons que les bonnes maisons françaises de constructions d'appareils de précision fabriqueront ces appareils pour la somme de 2,000 francs l'un, en tenant compte qu'il n'y a que trois de ces appareils à établir.

3° *Câbles électriques.* — Les canalisations sont à refaire entièrement dans le nouveau local. Ces câbles valent 1,500 francs le kilomètre, et la pose faite par l'État revient en définitive, d'après des comptes qui nous ont été présentés, à environ 25 centimes le mètre en pose courante, mais il y a lieu d'ajouter une indemnité d'environ 300 francs pour la plus value qui résulte des installations accessoires (percements de murs, colonnes montantes, etc.).

4° *Appareils récepteurs.* — L'Agence Havas possède actuellement soixante-quinze de ces appareils, tant au bureau central que chez les abonnés. Il y a dix appareils, destinés au contrôle et à l'équilibre, qu'il faut installer préalablement à toute translation, parce qu'il y a 10 circuits d'abonnés sur les trois réseaux, sept fonctionnant déjà et les trois du Crédit Lyonnais qui vont fonctionner.

L'Agence sera donc obligée d'acheter dix récepteurs valant chacun 700 francs, mais comme elle en aura l'emploi ultérieurement, nous ne compterons ces appareils que pour la moitié du prix d'achat.

5° *Appareils télégraphiques Hughes.* — Il est impossible de trouver des appareils de cette nature en location; aucun constructeur n'y consentira. Nous pensons donc qu'il y aura lieu d'accorder les six nouveaux appareils qui lui sont indispensables pour assurer son service, un pour la Chambre des députés, un pour le Sénat et quatre pour Bordeaux, Lyon, Marseille et Nice.

L'évaluation des dépenses pour les quatre services s'établit de la façon suivante :

1° Printing Telegraph.

L'Agence Havas demande. . . . . Fr.	46.929	»
La Ville de Paris offre.	26.839	»
60 accumulateurs, location. . . . . Fr. 715 »		
Transport et charge. . . . . 600 »	1.315	»
Achat de 14 condensateurs (de 4 microfarads), à 400 francs	5.600	»
Achat de 3 transmetteurs, à 2,000 francs	6.000	»
Moitié du prix d'achat de 10 appareils récepteurs pour le contrôle et l'équilibre, à 350 francs (moitié du prix). . . .	3.500	»
Achat de 20 câbles à 2 conducteurs, 4 kilomètres, à 1,500 francs.	6.000	»
Tour à fileter de précision, forge et chalumeau avec tout l'outillage employé par les deux ouvriers spéciaux, tout cela à une valeur de 5,500 francs. Nous estimons qu'une indemnité de 30 0/0 est suffisante.	1.650	»
Installation, menuiserie, serrurerie, le tout ensemble prévu à 3,740 francs. Nous estimons que ce chiffre doit être réduit de moitié, pour tenir compte des pièces qui pourront être utilisées	1.870	»
A reporter . . .	25.935	»

Report . . . . Fr.   25.935   »

Tous les autres articles doivent être complètement réins-
tallés, ils s'élèvent à la somme de 6,749 francs, et la Ville accorde
cette somme ; mais suivant nous, il y a à retrancher la plom-
berie pour le gaz qui fait partie du bâtiment, soit 600 francs ;
mais il y a à ajouter une indemnité de 300 francs pour les frais
supplémentaires de pose des câbles électriques. De sorte que
la somme ne doit être portée que pour. . . . .   6.419   »

Total. . . . . . Fr.   32.384   »

2° *Matériel des dépêches de la Chambre et du Sénat.*

L'Agence Havas demande. . . . . Fr.   3.898   »
La Ville offre..   2.623   »

Achat de deux appareils Hughes, à 1,000 francs . . Fr.   2.000   »
Tous les autres articles s'élevant à 1,498 francs doivent
être portés pour le prix de 1,423 francs accepté par la Ville, ci   1.423   »

Total. . . . . Fr.   3.423   »

3° *Matériel des dépêches de province..*

L'Agence Havas demande . . . . Fr.   8.259   »
La Ville offre . . . .   5.444   »

Achats de quatre appareils Hughes, à 1,000 francs . Fr.   4.000   »
Tous les autres, s'élevant à 3,459 francs, doivent être
portés pour le prix de 3,044 francs, accepté par la Ville, ci.   3.044   »

Total. . . Fr.   7.044   »

4° *Matériel téléphonique.*

L'Agence Havas demande 1,950 francs et la Ville les
accorde, soit . . . . Fr.   1.950   »

En résumé, sur le chapitre III, Printing Telegraph, etc., l'évaluation des dépenses doit s'établir de la façon suivante:

DEMANDE DE L'AGENCE HAVAS	SOMMES OFFERTES PAR LA VILLE		
46 929	26 839	Printing Telegraph	32.384
3.898	2.623	Dépêches de la Chambre et du Sénat	3.423
8.254	5.444	Dépêches de province	7.044
1.950	1.950	Matériel téléphonique	1.950
61 031	36.856	Totaux. . . .	44.801

CONCLUSIONS.

En résumé, l'indemnité à accorder par la Ville de Paris, pour la translation des services techniques de l'Agence Havas, rendue nécessaire pour l'expropriation, est donc la suivante :

	AGENCE HAVAS	VILLE DE PARIS	ESTIMATION
Force motrice. — Machines. .	40.904	20.000	33.800
Typographie	132.767	18.000	65.300
Printing, etc.	61.031	36.856	44.801
			143.901

Nous avons clos et signé le présent rapport, en notre cabinet, à Paris, le 28 février 1896.

S. PÉRISSÉ.